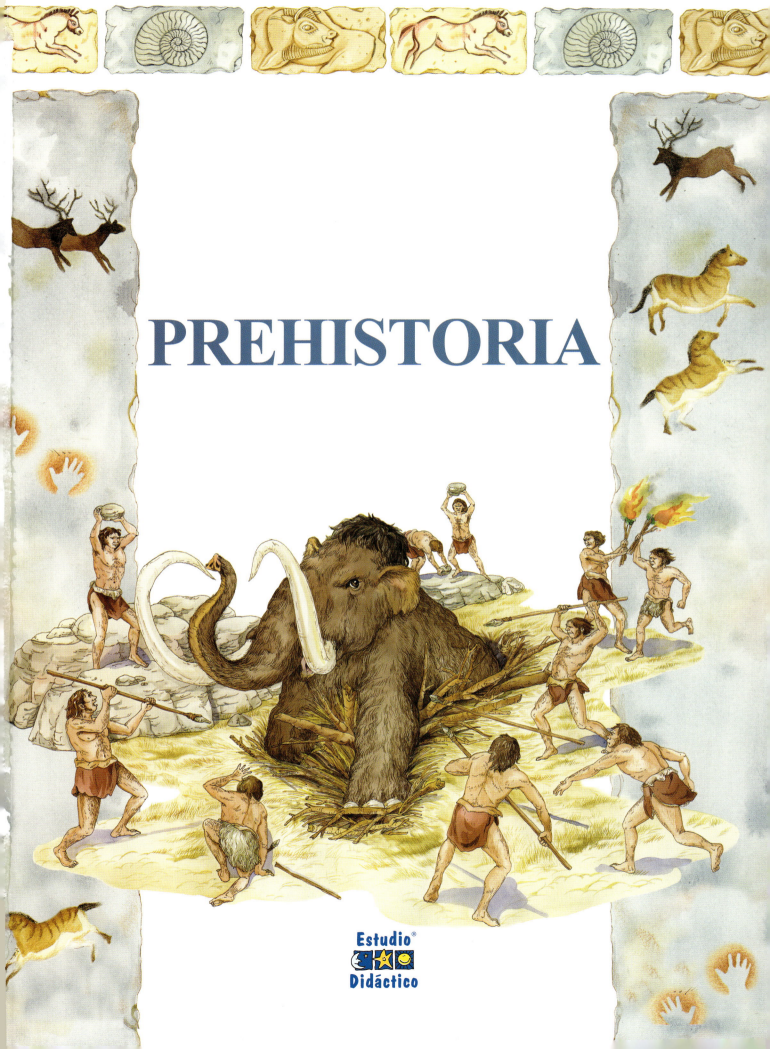

PREHISTORIA

Estudio®
Didáctico

EL NACIMIENTO DEL PLANETA

Según varias teorías científicas, el nacimiento de nuestro planeta se debe a residuos de polvo cósmico y gas que giraban alrededor del sol. Estas partículas se habrían ido aglutinando, recogiendo la materia que encontraban a su paso, hasta convertirse en una masa grande y compacta. Durante millones de años, la Tierra podría haber sido una esfera rocosa e incandescente, que después inició un largo proceso de enfriamiento de la parte exterior que culminó con la formación del fino estrato superficial conocido como corteza. Alrededor de la corteza se desarrolló la capa atmosférica, compuesta por nitrógeno, anhídrido carbónico y vapor de agua que liberaban los volcanes y las grietas de las rocas.

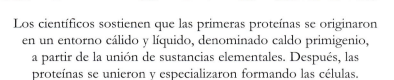

Los científicos sostienen que las primeras proteínas se originaron en un entorno cálido y líquido, denominado caldo primigenio, a partir de la unión de sustancias elementales. Después, las proteínas se unieron y especializaron formando las células.

FECHAS IMPORTANTES

Según los científicos, hace **15 000 millones** de años, una explosión de potencia infinita originó la materia que compone todo el universo.

Hace **4600 millones** de años, la Tierra empezó a tomar forma. Al principio era una bola de polvo, metales y gases incandescentes que se fueron enfriando poco a poco.

La corteza terrestre se formó hace **4000 millones** de años.

Hace **3500 millones** de años nacieron los continentes y los primeros océanos.

Se calcula que las primeras algas aparecieron hace **3300 millones** de años.

Hace **600 millones** de años aparecieron los primeros organismos vivos.

El período Cámbrico se inició hace **570 millones** de años y diversas especies animales empezaron a poblar los mares.

Hace **500 millones** de años aparecieron los primeros peces.

Se calcula que las primeras plantas aparecieron en tierra firme hace **420 millones** de años.

Hace **400 millones** de años algunos animales salieron del agua y se asentaron en tierra por primera vez.

Los reptiles aparecieron hace **300 millones** de años.

Hace **200 millones** de años aparecieron los mamíferos.

Los primeros rastros del australopiteco, un antepasado muy lejano del hombre, se remontan **3,5 millones** de años atrás.

LA ESPIRAL DE LA VIDA

Durante la fase de enfriamiento, se producían terremotos, explosiones y erupciones volcánicas que sacudían la Tierra y generaban cantidades enormes de vapor.

Las nubes que se formaron a partir de aquellos vapores se condensaron en lluvias torrenciales durante un larguísimo período de tiempo; así se formaron los mares y los océanos. Precisamente en el agua nacieron las primeras formas de vida, que tardaron millones de años en pasar a tierra firme. Los científicos dividen esta lenta evolución en eras geológicas y períodos marcados por acontecimientos destacados para la evolución de la vida.

Los primeros mamíferos eran animales pequeños que aparecieron durante la época de los dinosaurios y consiguieron sobrevivir a la extinción.

Algunos animales marinos comenzaron a colonizar la tierra. Su cuerpo se modificó para adaptarse a las nuevas condiciones de vida, lo que condujo a la aparición de anfibios y reptiles.

Las plantas empezaron a crecer fuera del agua y a producir oxígeno, indispensable para la vida de los primeros animales.

Los restos de algas más antiguos tienen más de 3000 millones de años.

En el Cretácico aparecieron las primeras plantas con flores.

Los primeros peces tenían concha y espina dorsal.

Hace unos 600 millones de años aparecieron los primeros animales.

Los dinosaurios dominaron la Tierra durante los largos períodos Jurásico y Cretácico, pero desaparecieron de repente hace unos setenta millones de años.

Los reptiles, dueños de la Tierra durante mucho tiempo, dieron origen a especies capaces de volar, como los pájaros.

ARCAICO

PROTEROZOICO

CÁMBRICO

ORDOVÍCICO

SILÚRICO

DEVÓNICO

CARBONÍFERO

PÉRMICO

TRIÁSICO

JURÁSICO

PALEOZOICO

El rastro de los antepasados más lejanos del hombre se remonta unos tres millones de años atrás. Este período de tiempo es muy corto en comparación con la edad de la Tierra.
Si condensásemos en un día las fechas más importantes de los 4500 millones de años de historia del planeta, veríamos nacer la vida del Cámbrico a eso de las nueve de la noche, mientras que los primeros homínidos harían su aparición un minuto antes de la medianoche.

CRETÁCICO

TERCIARIO

MESOZOICO

CUATERNARIO

CENOZOICO

El caldo primigenio

El origen de la vida es un misterio fascinante para el que todavía no se ha encontrado una explicación definitiva. La falta de restos fósiles de ese período impide averiguar exactamente qué pudo dar lugar a la creación de los primeros seres vivos. En las acumulaciones de agua de la Tierra primigenia había carbono, hidrógeno, oxígeno y nitrógeno, elementos necesarios para la formación de aminoácidos. Según los científicos, estos compuestos elementales produjeron una serie de reacciones químicas capaces de generar proteínas. Inmersas en una «sopa» de agua y gas, estas sustancias originaron las primeras células.

La proliferación de algas azuladas liberó una gran cantidad de oxígeno como resultado de la fotosíntesis. Gradualmente aparecieron otros organismos pluricelulares capaces de nutrirse de esas algas y de alimentarse unos de otros. La verdadera explosión de vida se produjo en el Cámbrico, hace unos 570 millones de años. En aquel período, las aguas se llenaron de seres con cuerpo blando y esqueleto externo.

Las primeras formas de vida, descubiertas como fósiles diminutos, aparecieron hace más de 3300 millones de años. Estaban compuestas de una sola célula y tenían una estructura similar a la de las bacterias. Unos quinientos millones de años después aparecieron organismos parecidos a las algas, capaces de aprovechar la luz solar para obtener sustancias útiles a través de un proceso denominado fotosíntesis.

Algunas de aquellas primeras criaturas desarrollaron una estructura de sostén flexible a lo largo de la espalda. Los mares se llenaron de peces predadores dotados de espina dorsal y luego fueron llegando otros con dientes y mandíbulas. Algunos fueron capaces de desarrollar pulmones para adaptarse a respirar oxígeno y salieron a la tierra.

Hace aproximadamente 430 millones de años aparecieron las primeras plantas terrestres. Su presencia garantizaba una fuente de alimento para las criaturas que habían abandonado el agua y empezaban a colonizar la tierra. Los primeros habitantes fueron unos antepasados de los insectos, parecidos a las arañas y los milpiés. Miles de siglos después, aparecieron las libélulas, los primeros animales alados.

7

LA ERA DE LOS DINOSAURIOS

Hace unos 350 millones de años, la tierra firme empezó a cubrirse de una vegetación cada vez más exuberante. Los insectos abundaban en el clima cálido y húmedo de los bosques y algunas especies de peces abandonaron el medio acuático. Empezaba una nueva era en la que los animales procedentes del mar desarrollaron pulmones para respirar oxígeno y cambiaron las aletas por patas para moverse por el terreno. Estos animales, llamados anfibios, seguían vinculados al agua, donde iban a desovar, y fueron los progenitores de los grandes dinosaurios.

La piel de los dinosaurios se hizo más resistente que la de los anfibios, recubriéndose de escamas para protegerlos de los cambios de temperatura y de la deshidratación. Sus huevos también se recubrieron de una cáscara rígida, de modo que podían ponerlos en tierra firme.

LAS PRIMERAS AVES

El arqueópterix es el primer antepasado conocido de los pájaros. Sus restos fósiles indican que tenía alas y plumas como las aves, pero conservaba los dientes, la cola ósea y las patas con garras en las alas de los saurios.
Es por todo esto que se le considera un auténtico vínculo entre estas dos clases de animales.

LOS DINOSAURIOS

Los dinosaurios dominaron la tierra durante más de 150 millones de años. Los primeros ejemplares eran carnívoros y contaban con patas robustas y dentaduras fuertes.
Los herbívoros desarrollaron la costumbre de moverse a cuatro patas y empezaron a aumentar las dimensiones del cuerpo.
Los más grandes llegaron a superar los cuarenta metros de largo y las cincuenta toneladas.
Los carnívoros también tenían su campeón, el tiranosaurio rex, que medía hasta doce metros y era un predador terrible.

LOS PRIMEROS MAMÍFEROS

Los estudiosos sostienen que, hace más de 205 millones de años, algunos reptiles iniciaron un largo proceso de mutación que los llevó a convertirse en progenitores de los mamíferos. Desarrollaron patas debajo del cuerpo para ganar velocidad en los desplazamientos, y algunos empezaron a producir calor corporal de forma autónoma y se cubrieron de pelo para conservarlo mejor.

LAS PRIMERAS AVES

Mientras los mamíferos colonizaban el planeta, los herederos del arqueópterix evolucionaron en aves. Las más grandes no podían volar y se movían caminando por la tierra. Los ejemplares más antiguos parecían dinosaurios cubiertos de plumas y con extremidades superiores similares a unas alas.

Los primeros mamíferos ya existían en la época en la que los dinosaurios dominaban la Tierra. Eran animales pequeños que vivían alejados para escapar de la depredación de los saurios carnívoros.

LOS MAMÍFEROS

Hace aproximadamente 200 millones de años, en el período Triásico, se produjo la transformación de los primitivos «paramamíferos» en mamíferos propiamente dichos. Han aparecido fósiles que demuestran cómo estos animales dormían enroscados para no desperdiciar calor. Gracias a su capacidad para mantener la temperatura corporal, los primeros mamíferos pudieron asentarse en todos los ambientes. Aprendieron a moverse cuando los reptiles estaban condenados a la inactividad por el frío nocturno y así podían cazar sin que les molestasen. Empezaron a alimentar a sus cachorros con una comida muy nutritiva que les ayudaba a crecer deprisa: la primera leche materna.

Los felinos aparecieron hace unos 36 millones de años. Los ejemplares más grandes eran feroces depredadores con una dentadura muy desarrollada.

11

LA EVOLUCIÓN HUMANA

El largo camino evolutivo de la especie humana se inició con la bipedación. El *Ramapithecus*, un primate de hace quince millones de años, ya tenía la capacidad de caminar erguido, pudiendo así usar las manos para defenderse y coger la comida. El primer homínido auténtico, el *Australopiteco*, entró en escena hace unos cuatro millones de años. Se han hallado restos fósiles de cuatro especies distintas de australopitecos en África, continente que parece ser la cuna del género humano.

Según numerosos antropólogos, la especie más antigua entre todas las descubiertas, el *Australopiteco afarensis,* sería el ancestro de los siguientes homínidos y del hombre, mientras que las especies *robusto* y *boisei* no estarían emparentadas directamente con el género humano.

La capacidad craneal de los antepasados del hombre ha ido aumentando progresivamente hasta las dimensiones actuales.

Australopiteco africano

Homo habilis

Australopiteco afarensis

Australopiteco africano

Homo rudolfensis

Homo sapiens

Robusto

Boisei

Homo habilis

Homo ergaster

Homo erectus

Hombre de Neandertal

Australopiteco

Parántropo

Homínidos

Homo erectus

Hombre de Neandertal

Homo sapiens

LOS AUSTRALOPITECOS

Estos primeros homínidos fueron capaces de sobrevivir y evolucionar durante más de dos millones de años. La clave de su éxito era una prodigiosa capacidad de crecimiento del cerebro, mucho más desarrollado que el de los simios antropomorfos. Los australopitecos vivían en grupo y pasaban buena parte del día en el suelo, pero subían a los árboles para dormir y para protegerse de los depredadores. Se alimentaban principalmente de fruta, tubérculos y semillas, que masticaban durante mucho rato con su robusta dentadura.

Las manos de los
australopitecos tenían un
pulgar fuerte y oponible a
los otros dedos, lo que les
permitía coger comida y
objetos.

Al moverse solo sobre
las piernas,
los homínidos pudieron refinar
el uso de las manos para otras actividades.
Abriendo y cerrando los dedos desarrollaron un
agarre fuerte, para empuñar objetos pesados,
y otro de precisión, que permitía movimientos
más especializados.

El hallazgo del esqueleto
casi completo de
un australopiteco ha
confirmado que este
homínido caminaba
usando solo las piernas.
Los restos fósiles
pertenecían a una mujer de unos veinticinco años que
vivió hace tres millones de años. Sus descubridores la
llamaron Lucy inspirándose en el título de una famosa
canción.

EL *HOMO HABILIS*

El *Homo habilis* apareció hace al menos dos millones de años. Sus restos se encontraron en Kenia, en el mismo ambiente en el que vivieron australopitecos boisei y robustos.

El cráneo de estos homínidos estaba considerablemente más desarrollado que el del *Australopiteco* y podía contener un cerebro de mayor volumen. En los asentamientos se han encontrado los utensilios más antiguos fabricados por humanos.

LA VIDA EN GRUPO

La vida social del *Homo habilis* era muy diferente de la del *Australopiteco*. Se especializaron en la fabricación de armas y fueron capaces de elaborar estrategias para cazar animales y conseguir su carne. La dieta omnívora le aportó un doble beneficio: los músculos masticadores se hicieron menos robustos, dejando espacio para el desarrollo del cerebro, que se vio favorecido por las proteínas procedentes de la carne. Los machos se especializaron en la caza, mientras que las hembras se ocupaban de los hijos y de recoger tubérculos y plantas. Los grupos de homínidos empezaron a establecer un campamento primitivo en el interior del territorio por el que se movían. Algunos hombres se quedaban cerca para defender a las mujeres y los niños, mientras los cazadores más hábiles salían a cazar.

Los primeros utensilios de piedra se conocen como «choppers»

La capacidad de fabricar herramientas fue un gran avance que requería imaginación y proyección. El *Homo habilis* aprendió a moldear utensilios golpeando piedras para afilarlas y poder cortar y fabricando utensilios más grandes para romper la cáscara de frutos comestibles. Nuestros ancestros utilizaban sílex y cada vez trabajaban con mayor habilidad. Este período, que marca el inicio de la Prehistoria, se denomina Paleolítico, que significa «Antigua Edad de Piedra».

EL *HOMO ERECTUS*

Los primeros restos de la existencia del *Homo erectus* tienen un millón y medio de años de antigüedad. Esta especie de homínido, más evolucionada que el *Homo habilis,* tenía el doble de volumen craneal que el *Australopiteco.*
El *Homo erectus* se extendió por Europa y el sudeste asiático desde el continente africano.

EL FUEGO

El gran logro del *Homo erectus* fue el descubrimiento del fuego. Gracias al calor de las llamas pudo cocinar la carne para digerirla mejor. Con el fuego podían calentarse, ahuyentar a los predadores y hacer que la noche resultase menos oscura y aterradora.

La costumbre de compartir la comida reforzó los vínculos entre los miembros de la comunidad, lo cual favoreció la aparición de las primeras formas de lenguaje.

Encendido del fuego mediante el choque
de piedras de sílex

Frotación de una liana contra una
corteza seca

Rotación de un palo con un
pequeño arco

Fricción de
un palo con el
interior de un
tronco

Es probable que el *Homo erectus* aprendiera a usar el
fuego incluso antes de saber encenderlo. Podían llevar al
campamento las llamas de un incendio iniciado por causas
naturales y mantenerlas vivas durante bastante tiempo. Con el
tiempo, nuestros antepasados aumentaron sus conocimientos
hasta llegar a desarrollar distintos sistemas que les permitían
encender un fuego.

19

LA ÉPOCA DE LA CAZA

La capacidad de atrapar presas cada vez más grandes aumentó la disponibilidad de recursos alimentarios. Enfrentarse a gigantes como los mamuts era muy peligroso y los cazadores intentaban evitar el contacto directo con los animales. Lo que hacían era excavar un hoyo profundo en el suelo, en algún punto del recorrido habitual de los mamuts, y cubrirlo con palos y ramas. Cuando un animal caía en la trampa, quedaba inmovilizado y aprovechaban para lancearlo y apedrearlo. La carne de estos animales tan grandes servía de alimento para toda una comunidad de cazadores que seguía a la manada en sus desplazamientos.

Los cazadores prehistóricos dejaron representaciones de sus presas en pinturas rupestres.

EL ARCO

La posibilidad de alcanzar a una presa a distancia hizo que la caza resultase más productiva y menos peligrosa. Dicen los expertos que, hace unos quince mil años, nuestros antepasados fabricaron los primeros arcos de madera, que les permitían lanzar flechas con una precisión y una potencia letales.

Las técnicas de caza eran cada vez más eficaces. Los primeros palos con la punta endurecida al fuego fueron reemplazados por lanzas de sílex afilado. Para cazar herbívoros grandes, los conducían hacia precipicios y desfiladeros y los hacían caer espantándolos con fuego.

El enterramiento

Los enterramientos más antiguos que han encontrado los arqueólogos pertenecen al hombre de Neandertal. Los huesos fósiles de períodos anteriores no han permitido averiguar cómo se trataba a los muertos, aunque es cierto que en el Paleolítico tardío se daba sepultura a algunos cadáveres al menos.

Se han encontrado tumbas en todo el territorio habitado por los neandertales, desde la región del centro de Asia hasta el sur de Francia. Precisamente en esta zona se enterraba al difunto con una ofrenda, compuesta de utensilios y huesos y cráneos de animales, que debía acompañarle en la vida futura. En algunas sepulturas de Oriente se ha encontrado también polen de flores.

Tanto hombres como mujeres se engalanaban con collares hechos de conchas, fragmentos de hueso y colmillos.

EL SEPELIO

Antes de enterrarlo, el cuerpo del difunto se colocaba en una posición flexionada determinada. Es posible que esta postura sugiriese la que adoptaban para dormir o la del feto en el vientre materno. Los cuerpos hallados mostraban signos de ataduras; se cree que esta práctica servía para retener al espíritu del difunto e impedir que fuese a molestar a los vivos.

En los enterramientos que datan del Paleolítico tardío, se han encontrado collares de conchas y otros objetos que pertenecían al difunto. En las tumbas de personas influyentes se colocaban símbolos de poder, como bastones tallados.

Cerca de algunas tumbas se han encontrado trocitos de carbón quemado y restos óseos que sugieren algún tipo de banquete funerario, aunque esto no se ha confirmado. Muchos huesos de los muertos muestran un color ocre que hace suponer que la familia espolvoreaba el cadáver con polvo rojo, tal vez para cambiar la palidez por el color de la vida.

23

LA EXPANSIÓN DE LA HUMANIDAD

Los científicos no han encontrado todavía pruebas definitivas para relacionar las etapas del camino que separa al hombre primitivo del moderno, pero creen que el *Homo erectus* es un antepasado común que evolucionó a partir de una estirpe del *Homo habilis* hace más de un millón y medio de años en el continente africano. Sus restos más antiguos proceden de la zona de los grandes lagos de Kenia, desde donde se expandió hacia el sur y el norte de África. La expansión hacia los continentes europeo y asiático se produjo hace más de un millón de años. Hay numerosos restos fósiles que prueban su presencia en un área amplísima, que se extiende desde España hasta China, y se puede apreciar en ellos cierta diversidad estructural.

HACIA AUSTRALIA

Los restos arqueológicos y fósiles hallados en Australia indican que este continente estaba ya colonizado por el hombre hace más de treinta mil años. Durante la última glaciación, el descenso del nivel del mar favoreció el paso de Asia a Australia. Muchas islas sirvieron de apoyo natural para atravesar los estrechos en barcas. Los hallazgos más recientes apuntan a que podría haber habido migraciones en distintas épocas.

A TRAVÉS DE BERING

La población humana se expandió hacia el continente americano cruzando el Estrecho de Bering. No se puede precisar la fecha de una migración tan grande hacia el Nuevo Mundo, pero parece ser que se produjo hace aproximadamente treinta y cinco mil años.

La población nómada podría haber atravesado el estrecho siguiendo a sus presas de caza durante un período de glaciación.

En Australia se han encontrado restos fósiles de la frente prominente y la mandíbula robusta típicas del *Homo erectus*. Basándose en estos descubrimientos, algunos científicos sostienen que hubo una migración hacia este continente durante la expansión de este antiguo ancestro del hombre.

LOS CAMPAMENTOS

Los cazadores paleolíticos montaban sus campamentos aprovechando la piel y los huesos de sus presas. Se han encontrado chozas de forma circular con el suelo recubierto con huesos planos de mamut.

La estructura de madera de estos habitáculos estaba reforzada en la base con cráneos y mandíbulas de animales. El espacio interior era suficiente para alojar un núcleo familiar y parece ser que preparaban la comida fuera, donde encendían hogueras delimitadas con piedras.

LOS INSTRUMENTOS COMPUESTOS

La idea de unir puntas afiladas de sílex a palos largos dio lugar a la fabricación de armas y utensilios que aunaban las cualidades de las dos partes. Las distintas técnicas de unión permitían obtener instrumentos compuestos mucho más eficaces que los simples.

El propulsor aumentó considerablemente la fuerza y la velocidad con la que se podían lanzar los dardos. De esa forma, podían alcanzar a una presa desde mayor distancia, mejorando los resultados de la caza y reduciendo el riesgo de entrar en contacto con animales grandes.

Para lanzar un dardo con el propulsor, el cazador insertaba el palo dentro de un agujero realizado en la cabeza de un largo soporte, que podía ser de madera o de hueso, y que se unía a la muñeca con una cuerda. Con el movimiento del brazo imprimían fuerza al propulsor, que multiplicaba la potencia del lanzamiento.

Antes de usar la piel de los animales, la rascaban con una piedra para eliminar los restos de grasa.

EL ARTE EN EL PALEOLÍTICO

El *Homo sapiens* concibió las primeras formas de arte. Entre los restos más antiguos destacan las estatuillas de las «venus», que tienen unos treinta mil años. Las pinturas rupestres más significativas aparecieron en el interior de cuevas del norte de España y el suroeste de Francia. Los expertos las datan en el Paleolítico tardío. Las más antiguas representan manos apoyadas en la roca con pintura alrededor y las figuras más recreadas son caballos, ciervos, bisontes y mamuts, captados en movimiento con gran habilidad. Se cree que estas imágenes podrían tener un significado mágico, como si estos hombres quisieran propiciar una buena caza.

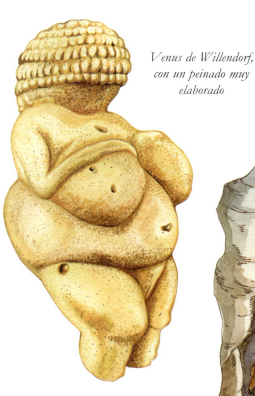

Venus de Willendorf, con un peinado muy elaborado

Las estatuillas de las «venus», con sus formas exageradas, sugieren el culto a una diosa de la fertilidad y la maternidad.

Linterna hallada en la cueva de Lascaux

Los artistas paleolíticos iluminaban las paredes oscuras con linternas. Aquellas primeras «lámparas» eran recipientes redondos con un mango. En la parte honda colocaban grasa animal que quemaban para producir la luz necesaria.

Las pinturas se hacían aplastando y pulverizando tierra, carbón vegetal y yeso. Se extendían con la mano, con palillos o con mechones de pelo de animales.

29

EL DESCUBRIMIENTO DE LA AGRICULTURA

El final de la última glaciación, que llegó hace unos diez mil años, provocó un cambio ambiental radical. Los animales se asentaron en el norte, con el hielo, o migraron hacia los nuevos bosques de coníferas y latifolios. Algunas poblaciones fueron siguiendo a sus presas, continuando con la vida nómada de los cazadores, pero otras cambiaron sus hábitos y se instalaron en un territorio. La alimentación de esas poblaciones se limitaba a raíces y cereales que brotaban de forma espontánea hasta que aprendieron a controlar el ciclo biológico de las plantas: así nació la agricultura.

Después de separar el grano de la paja, lo machacaban en morteros de piedra. Con un pilón, lo molían hasta obtener harina.

Removían la tierra de cultivo con herramientas rudimentarias. Entre los terrones, hacían agujeros donde depositaban las semillas de los cereales.
Si las condiciones climatológicas eran favorables, podían recoger hasta dos cosechas al año.

Hoz con cuchillas de piedra dura

LAS PRIMERAS CASAS

Durante el largo camino de la evolución, el hombre ha perfeccionado su capacidad para construir refugios y casas primitivas.
Las costumbres nómadas del primer gran período, en el que era cazador y recolector, le llevaron a refugiarse en chozas de palos y pieles. Con el sedentarismo, estas construcciones rudimentarias fueron reemplazadas por casas más sólidas y confortables.

Alrededor del cuarto milenio antes de Cristo empezaron a fundir cobre. Este metal era demasiado blando para fabricar herramientas, así que se utilizaba para crear objetos ornamentales.
El metal fundido se vertía en un molde y se dejaba enfriar hasta que cogía la forma.

Los primeros objetos de cerámica eran bastante bastos y no estaban cocidos de un modo uniforme, pero enseguida empezaron a fabricar piezas mucho más refinadas. A la producción de las primeras estatuas de deidades femeninas le siguió la de vajillas refinadas adornadas con figuras en relieve. Esta mejora progresiva se vio favorecida por la cocción en hornos cerrados, donde toda la pieza recibía la misma cantidad de calor.

Antes de que se inventase el torno para trabajar la cerámica, la vajilla se hacía con rollitos de arcilla superpuestos.

Los primeros poblados

Con el descubrimiento de la agricultura, el hombre abandonó la vida nómada y empezó a construir los primeros poblados. Durante el Neolítico, se especializó en el uso de nuevos materiales que tenía a mano, como la arcilla y la paja con la que empezó a fabricar los primeros adobes que se secaban al sol. El conocer mejor el terreno también permitió aumentar la seguridad de los poblados y se adoptaron nuevas técnicas para protegerlos de los fenómenos atmosféricos y los ataques de clanes enemigos. Muchos asentamientos se construían en altos y se protegían con fosos o muros; otros se edificaron sobre estacas para no inundarse con riadas imprevistas.

Dímini

El pueblo de Dímini se descubrió en Grecia, en la llanura de Tesalia. Su construcción data del Neolítico superior y se atribuye a una pequeña colonia asentada en aquel lugar. Las casas estaban rodeadas por un muro de protección en forma de laberinto. La altura del recinto no era muy elevada teniendo en cuenta el grosor del muro, pero garantizaba a los defensores una buena protección contra incursiones de saqueadores. La choza del jefe del poblado estaba situada en el centro para una mejor defensa, igual que ocurriría después en las ciudades micénicas.

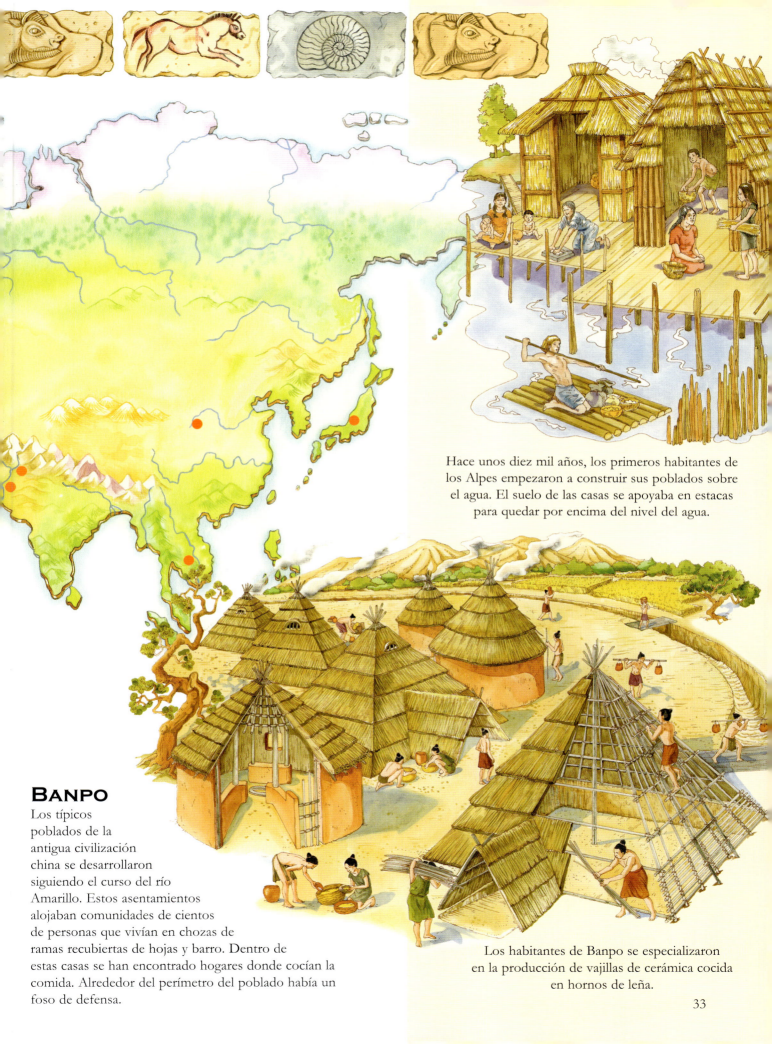

Hace unos diez mil años, los primeros habitantes de los Alpes empezaron a construir sus poblados sobre el agua. El suelo de las casas se apoyaba en estacas para quedar por encima del nivel del agua.

BANPO

Los típicos poblados de la antigua civilización china se desarrollaron siguiendo el curso del río Amarillo. Estos asentamientos alojaban comunidades de cientos de personas que vivían en chozas de ramas recubiertas de hojas y barro. Dentro de estas casas se han encontrado hogares donde cocían la comida. Alrededor del perímetro del poblado había un foso de defensa.

Los habitantes de Banpo se especializaron en la producción de vajillas de cerámica cocida en hornos de leña.

LAS CIUDADES MÁS ANTIGUAS

Las primeras ciudades empezaron a desarrollarse gradualmente en las zonas en las que la agricultura había sustituido a la economía basada en la caza. El entorno natural donde crecían los primeros cereales salvajes y donde se empezó a criar ganado ovino, bovino y porcino se encontraba a las orillas de los ríos que cruzaban Arabia, Siria, Irán y el norte de la India. Parece ser que la ciudad más antigua es Jericó, cerca del mar Muerto, donde se han encontrado restos de vida humana ininterrumpida con más de diez mil años.

LA TIERRA DE ASSUR

En torno al año 3500 a. C., se asentó el pueblo sumerio en esta parte septentrional de Mesopotamia. En pocos siglos, empezaron a surgir numerosas ciudades siguiendo el curso del Éufrates. Ur se convirtió en una de las más importantes. Allí se construyó durante la tercera dinastía reinante el gran Zigurat. Todavía son visibles los restos de aquel imponente edificio religioso de más de cuarenta metros de altura.

CATAL HUYUK

El asentamiento de Catal Huyuk se ubica en la parte meridional de la actual Turquía. En el momento de su construcción, que se remonta al año 6500 a. C., el conjunto urbano se encontraba en distintos estratos. Las casas tenían planta rectangular y un patio interior con un orden preciso. Tenían una habitación grande, una cocina y un almacén. Los muros eran de arcilla y se apoyaban sobre el terreno sin cimientos de piedra, mientras que los techos eran de terrazo. En este asentamiento se han encontrado collares de conchas y piedras perforadas, además de espejos de obsidiana y los pedazos de tela más antiguos que se han hallado jamás.

Los sumerios fundaron muchas ciudades en Mesopotamia en su lucha por la supremacía. Fue el rey Sargón quien las unificó en un reino hasta la llegada del imperio asirio.

LA ERA DE LOS MEGALITOS

Aproximadamente cuatro mil quinientos años antes de Cristo empezaron a construirse en Europa occidental y septentrional grandes monumentos megalíticos.

Aquellas construcciones presentaban distintas formas, desde una sola piedra clavada en el terreno (llamada menhir), hasta el crómlech, formado por grandes piedras dispuestas en círculo, pasando por el dolmen, construido como una mesa con una losa horizontal sobre dos pilares verticales. Los dólmenes más antiguos podían apoyarse en otros para componer tumbas de corredor gigantescas, mientras que se cree que el menhir podría tener una función religiosa.

Las construcciones más grandiosas estaban formadas por círculos de piedra llamados crómlech, cuyo ejemplo más significativo es Stonehenge, en Inglaterra.

Stonehenge podría haber sido un observatorio desde el que estudiaban las órbitas de los astros y veneraban a los dioses.

Como base para estas imponentes piedras, excavaban hoyos profundos en el suelo. Luego deslizaban los menhires en los pozos y los enderezaban con la fuerza de cien hombres.

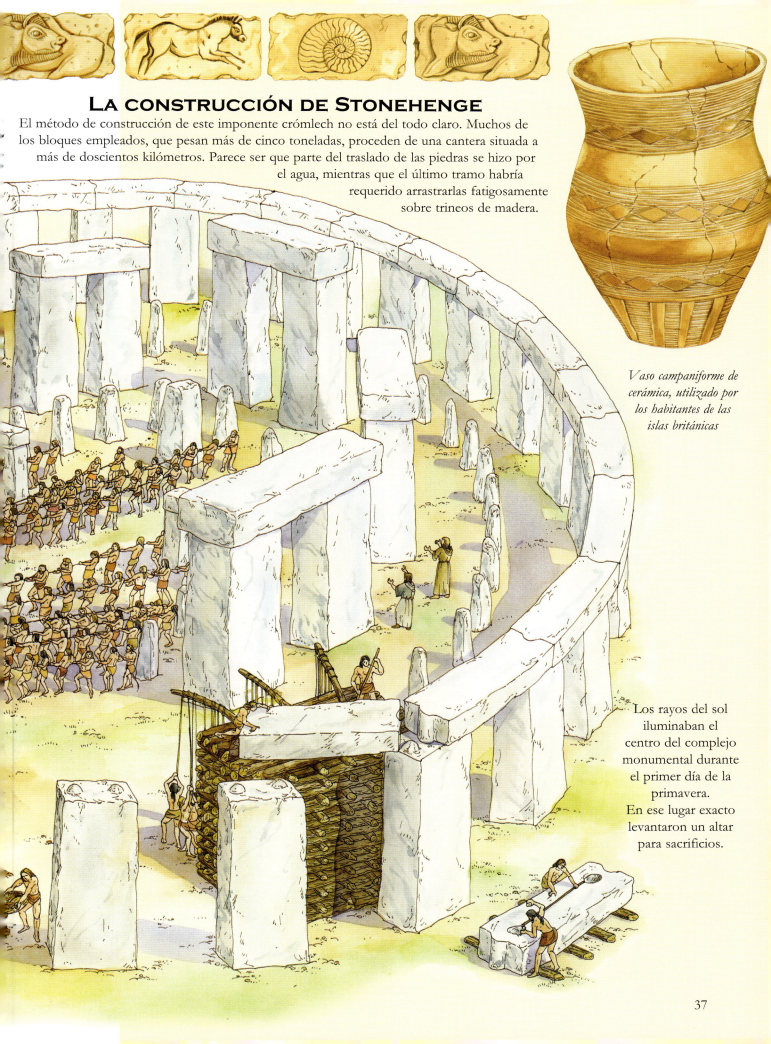

LA CONSTRUCCIÓN DE STONEHENGE

El método de construcción de este imponente crómlech no está del todo claro. Muchos de los bloques empleados, que pesan más de cinco toneladas, proceden de una cantera situada a más de doscientos kilómetros. Parece ser que parte del traslado de las piedras se hizo por el agua, mientras que el último tramo habría requerido arrastrarlas fatigosamente sobre trineos de madera.

Vaso campaniforme de cerámica, utilizado por los habitantes de las islas británicas

Los rayos del sol iluminaban el centro del complejo monumental durante el primer día de la primavera. En ese lugar exacto levantaron un altar para sacrificios.

LAS EXCAVACIONES ARQUEOLÓGICAS

La historia del pasado se estudia a través de los materiales y los restos que han quedado de distintos eventos y los arqueólogos han sacado a la luz. Existen lugares a los que la historia ha legado vestigios espectaculares y muy reveladores, como ciudades en ruinas y restos de grandes monumentos, pero la mayoría de la información se recoge en lugares descubiertos casi por casualidad. A veces, simplemente al arar un campo o excavar un túnel se han hecho hallazgos tan importantes como fortuitos.

En el subsuelo hay restos de animales desaparecidos hace millones de años y sencillos objetos de uso cotidiano que nos aportan información fundamental para comprender nuestro pasado y el de nuestro planeta.

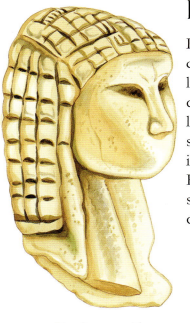

Escultura conocida como la «Dama de Brassempouy»

El lugar en que se realizan las excavaciones arqueológicas recibe el nombre de yacimiento. Los arqueólogos los fotografían y subdividen en zonas. Todos los hallazgos se catalogan indicando la zona en la que se han encontrado. Los restos se extraen del terreno con sumo cuidado para no dañarlos.

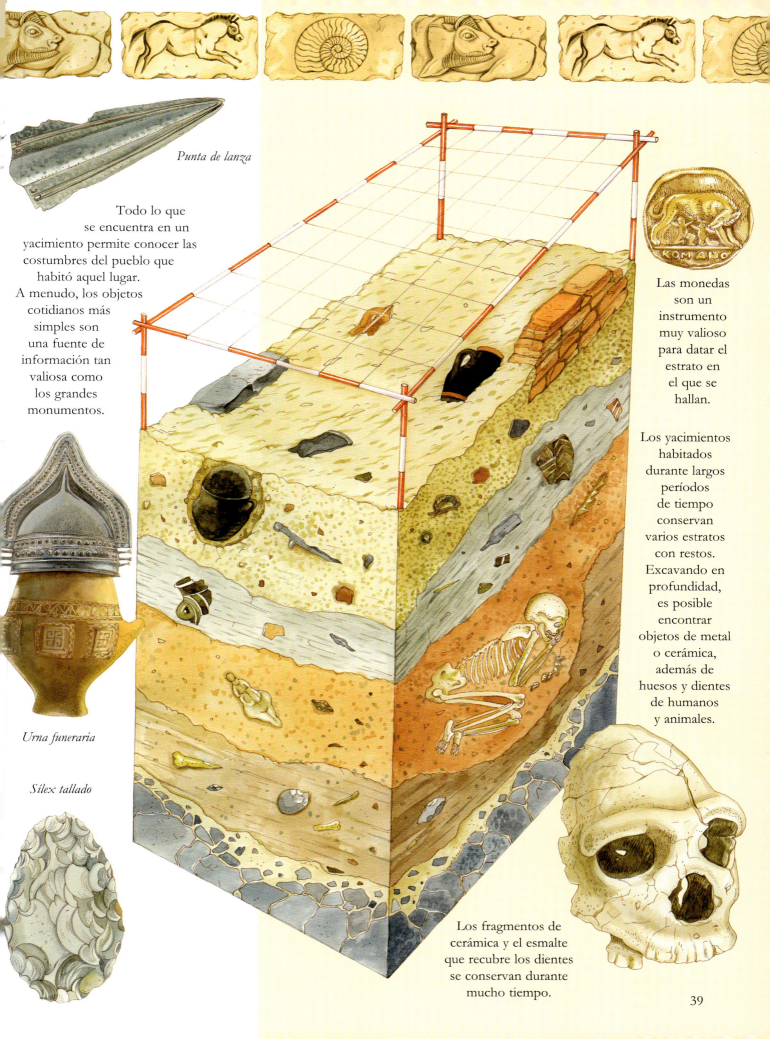

Punta de lanza

Todo lo que se encuentra en un yacimiento permite conocer las costumbres del pueblo que habitó aquel lugar. A menudo, los objetos cotidianos más simples son una fuente de información tan valiosa como los grandes monumentos.

Urna funeraria

Sílex tallado

Las monedas son un instrumento muy valioso para datar el estrato en el que se hallan.

Los yacimientos habitados durante largos períodos de tiempo conservan varios estratos con restos. Excavando en profundidad, es posible encontrar objetos de metal o cerámica, además de huesos y dientes de humanos y animales.

Los fragmentos de cerámica y el esmalte que recubre los dientes se conservan durante mucho tiempo.

39

Í N D I C E

ESTUDIO DIDÁCTICO
es una marca registrada de
EDIMAT LIBROS, S. A.
Calle Primavera, 35
Polígono Industrial El Malvar
28500 Arganda del Rey
MADRID-ESPAÑA
www.edimat.es

ISBN: 978-84-9786-679-8
Depósito legal: M-12683-2015

Título original: Il Mondo Preistorico.
Maquetación y diseño gráfico: Renzo Barsotti.
Traducido por: Seven Servicios Integrales.

Impreso en España